AF332699

ADVIS AV
TRES-CHRESTIEN
ROY DE FRANCE ET
DE NAVARRE
Louïs XIII.

Pour bien & heureusement regir & gouuerner son Royaume.

Prins sur le Modelle de l'Instruction baillée au Roy CHARLES IX.

Par vn Gentilhomme François.

A LYON,

Par PIERRE BERNARD, ruë Merciere au Dauphin anchré,

— *M. DCXV.*

AVEC PERMISSION.

A V X
LECTEVRS, S.

ESSIEVRS,

M'ayant esté mis en main par
vn Gentilhóme de ce Royau-
me vn Aduis à sa Majesté, pour bien heureusement regner, prins sur le modellé de
l'Instruction, baillee au feu Roy C H A R-
L E S I X. en son adolescence : I'ay estimé
que sous les heureux auspices de nostre
ieune Monarque ; ie le deuois faire voir au
public, d'autant plus volontiers qu'en ce
siecle de fer, il seruira non seulement à
nostre bon Roy, mais encore aux autres
Roys & Princes qui doiuent faire leur pro-
fict des bonnes & salutaires remonstran-
ces contenues és liures, par ce que (comme disoit Demetrius Phalerien) par la
lecture des liures les Princes apprennent
le plus souuent des choses dont ceux qui

                les

les approchent ne les ofent, oû ne les veu-
lent admonnefter, ce qui leur fert pour
bien regir & gouuerner tant de milliers de
peuples que Dieu a mis fous leur charge.
Auffi Salomon pour fupporter le faix de la
Royauté, demanda à Dieu la Sapience,
fans laquelle il eft impoffible de gouuerner
non feulement les Royaumes & Republi-
ques, mais encore les maifons priuees.
Toutes ces confiderations furent caufe
que le feu Roy Henry le Grand
(que Dieu abfolue) pourueut fa Maiefté,
lors Dauphin, d'vn Seigneur de marque &
probité qu'il luy dõna pour Gouuerneur,
pour l'acheminer de bonne heure à la practique de la vertu, & le rendre digne imi-
tateur des bons & vertueux exemples des
Roys & Princes fes Anceftres, & nous le
faire voir accomply en toutes les vertus
neceffaires en vn bon Prince : Et parmy
les grandes obligations que la France a à
fa memoire, l'education qu'il a procurée à
fon Succeffeur n'eft des moindres : De
forte qu'il n'a pas feulement emporté le
tiltre & l'effect de pere du Roy, mais encore de pere du Royaume, puis que de la
bonne education des Princes depend le
bon-heur de leurs peuples. Et partant

c'eft

c'eſt aux bons François à prier Dieu que ſa Maieſté croiſſant en aage, croiſſe auſſi en pieté & Iuſtice, & qu'elle mette en practique les enſeignemens contenus en ce peu de vers, compoſez par vn libre & vertueux Gentilhomme François, fidelle & affectionné au bien de ceſte Monarchie.

P. B.

ADVIS AV
TRES-CHRESTIEN
ROY DE FRANCE ET
DE NAVARRE
Louïs XIII.

*Pour bien & heureusement regir & gouuerner
son Royaume.*

IRE, *Ce n'est pas tout que d'estre Roy
de France,
Il faut que la Vertu honore vostre en-
fance:*
*Vn Roy sans la Vertu porte le Sceptre en vain
Qui ne luy sert sinon d'vn fardeau dans la main.*
   *Pource on dict que Thetys la femme de Pelée,
Apres auoir la peau de son enfant bruslée,
Pour le rendre immortel le print en son giron,
Et de nuict l'emporta dans l'Antre de Chiron:
Chiron noble Centaure, à fin de luy apprendre
Les plus rares Vertus dés sa ieunesse tendre,
Et de Science & d'Art son Achille honorer.*
   *Vn Roy pour estre grand ne doit rien ignorer,
Il ne doit seulement scauoir l'Art de la guerre,*

De

De garder les Citez, ou les ruer par terre,
De picquer les cheuaux, ou contre son harnois
Receuoir mille coups de lances aux tournois,
De sçauoir comm'il faut dresser vne embuscade,
Ou donner vne cargue, ou vne camisade,
Se ranger en bataille & souz les estendars
Mettre par artifice en ordre les soldars.
Les Roys les plus brutaux telle chose n'ignorent,
Et par le sang versé leurs Couronnes honorent:
Tout ainsi que Lyons qui s'estiment alors
De tous les animaux estre veus les plus forts,
Quand leur gueule deuore vn Cerf au grãd corsage,
Et ont remply les champs de meurtre & de carnage.

Mais les Princes mieux naiz n'estimẽt leur Vertu
Proceder ny de sang, ny de glaiue pointu,
Ny de harnois ferrez qui les peuples estonnent,
Mais par les beaux mestiers que les Muses nous
    donnent.

Quand les Muses qui sont filles de Iupiter
(Dont les Roys sont yssus) les Roys daignent chanter,
Elles les font marcher en toute reuerence,
Loin de leur Majesté, bannissant l'Ignorance
Et tous remplis de grace & de Diuinité,
Les font parmy le peuple ordonner l'Equité.

Ils deuiennent appris en la Mathematique,
En l'Art de bien parler, en l'Histoire, en Musique,
En Physiognomie, à fin de mieux sçauoir
Iuger de leurs suiects seulement à les voir,

Telle

Telle science sceut le ieune Prince Achille,
Puis sçauant & vaillant fit tresbucher Troille
Sur le champ Phrygien, & fit mourir encor
Deuant le mur Troyen le magnanime Hector:
Il tua Sarpedon, tua, Pantasilée,
Et par luy la Cité de Troye fut bruslée.

   Tel fust iadis Thesee, Hercules, & Iason,
Et tous les Vaillans preux de l'antique saison:
Tel vous serez aussi, si la parque cruelle
Ne tranche auant le temps vostre trame nouuelle.
   LOVIS vostre beau nom tant commun à nos
      Roys,
Nom du ciel reuenu en France treize fois,
Treize nombre parfaict, (comme c'il qui assemblé)
Pour sa perfection quatre triades ensemble,
Monstre que vous aurez l'Empire & le renom
De douze LOVIS passez dont vous portez le nom,
Mais pour vous faire tel, il faut de l'Artifice,
Et dés ieunesse apprendre à combattre le vice.

   Il faut premierement apprendre à craindre Dieu,
Dont vous estes l'Image & portez au milieu
De vostre cœur son Nom & sa saincte Parole,
Comme le seul secours dont l'homme se console.

   En apres si voulez en terre prosperer,
Vous deuez vostre Mere humblement honorer
La craindre & la seruir, qui seulement de Mere
Ne vous sert pas icy, mais de garde & de Pere.
   Apres il faut tenir la loy de vos ayeulx,

           B   Qui

Qui furent Roys en terre, & sont là-haut aux cieux:
Et garder que le peuple n'imprime en sa ceruelle
Le curieux erreur d'vne Secte nouuelle.

Apres il faut apprendre à bien imaginer,
Autrement la raison ne pourroit gouuerner:
Car tout le mal qui vient à l'homme prend naif-
   sance,
Quand par sus la raison le cuider a puissance.

Tout ainsi que le corps s'exerce en trauaillant,
Il faut que la raison s'exerce en bataillant
Contre la monstrueuse & fausse fantasie,
De peur que vainement l'ame n'en soit saisie:
Car ce n'est pas le tout de sçauoir la Vertu,
Il faut cognoistre aussi le vice reuestu
D'vn habit vertueux qui d'autant plus offense,
Qu'il se monstre honnorable & a belle apparence:

De là vous apprendrez à vous cognoistre bien,
Et en vous cognoissant vous ferez tousiours bien,
„ Le vray commencemẽt pour en vertus accroistre,
„ C'est (disoit Apollon) soy mesme se cognoistre,
Celuy qui se cognoist est seul maistre de soy,
Et sans auoir Royaume il est vraiment vn Roy.

Commencez-donc ainsi: puis si tost que par l'aage
Vous serez homme faict de corps & de courage,
Il faudra de vous mesme apprendre à commander,
A ouyr vos subiects, les voir & demander,
Les cognoistre par nom, & leur faire Iustice,
Honorer la vertu & corriger le vice.

Mal-

Malheureux sont les Rois qui fondent leur appuy
Sur l'aide d'vn Commis, qui par les yeux d'autruy
Voyent l'estat du Peuple, & oyent par l'oreille
D'vn flateur mensonger qui leur conte merueille.
Tel Roy ne regne pas, ou bien il regne en peur
De la crainte qu'il a d'offenser vn Trompeur.

Mais SIRE, ou ie m'abuse en voyãt vostre grace,
Ou vous tiendrez d'vn Roy la legitime place
Vous ferez vostre charge, & comm'vn Prince doux
Audience & faueur vous donnerez à tous.

Vostre Palais Royal cognoistrez en Presence,
Et ne commettrez poĩt vne petite offence:
Si vn Pilote faut tant soit peu sur la mer
Il fera dessous l'eau la Nauire abysmer.
,, Si vn Monarque faut tant soit peu, la Prouince
,, Se perd, car volontiers le peuple suit le Prince.

Aussy pour estre Roy vous ne deués penser
Vouloir comme vn Tyran voz subiects oppresser.
De mesme nostre Corps, vostre Corps est de boüe,
,, Des petits & des grands la fortune se iouë.

Tous les regnes mondains se font & se deffont,
Et au gré de fortune ils viennent & s'en vont.
Et ne durent non plus qu'vne flammë alumee
Qui soudain est esprise, & soudain consumee.

Or SIRE, imitez Dieu lequel vous a donné
Le Sceptre, & vous a fait vn Grand Roy Couroné;
Faictes misericorde à celuy qui supplie,
Punissez l'Orgueilleux, qui s'arme en sa folie,

Ne pouſſez par faueur vn homme en dignité,
Mais choiſiſſez celuy qui l'a bien merité,
Ne baillez pour argent ny Eſtats ny Offices,
Ne donnez aux premiers les vacans benefices,
Ne ſouffrez pres de vous ne flateurs ne vanteurs:
Fuyez ces plaiſants fols, qui ne ſont que menteurs,
Et n'endurez iamais que les langues legeres
Meſdiſent des Seigneurs, des terres Eſtrangeres.

Ne ſoyez point mocqueur, ne trop haut à la main,
Vous ſouuenant touſiours que vous eſtes humain,
Ne pillez vos ſubiets par Impoſts ne par tailles,
Ne prenez ſans raiſon ny guerres ny batailles:
Gardez le voſtre propre, & vos biens amaſſez:
Car pour viure content vous en auez aſſez.

S'il vous plaiſt vous garder ſans Archers de la
*   garde,*
Il faut que d'vn bon œil le peuple vous regarde,
Qu'il vous aime ſans crainte : ainſi les puiſſants
*   Roys*
Ont conſerué leur vie, & non par le harnois.

Comme le corps Royal ayez l'ame Royale,
Tirez le Peuple à vous d'vne main liberale,
,, Et penſez que le mal le plus pernicieux,
,, C'eſt vn Prince ſordide & auaricieux.

Ayez autour de vous perſonnes venerables,
Et les oyez parler volontiers à vos tables,
Soyez leur auditeur, comme fit voſtre Ayeul,
Ce grand Sainct Louys qui vit encores au cercueil.

Soyez

Soyez comme un bon Prince amoureux de la
     gloire,
Et faictes que de vous se remplisse vne Histoire
Digne de vostre race, vous faisant immortel
Comme Henry vostre pere, ou bien Charles Martel.
     Ne souffrez que les Grands ruinēt le Populaire,
Ne souffrez que le Peuple aux Grands puisse des-
     plaire,
Gouuernez vostre argent par sagesse & raison.
,, Le Prince qui ne peut gouuerner sa Maison,
,, Sa femme, ses Enfans, & son bien domestique,
,, Ne sçauroit gouuerner vne grand' Republique.
     Pensez long temps deuant que faire aucuns
     Edicts:
Mais si tost qu'ils seront deuant le peuple dicts,
Qu'ils soyēt pour tout iamais d'inuincible puissance,
Autrement vos Decrets sentiroyent leur enfance.
     Ne vous monstrez iamais pompeusemēt vestu;
,, L'habillement des Roys est la seule vertu:
Que vostre corps reluise en vertus glorieuses,
Non par habits chargez de pierres precieuses.
     D'amis plus que d'argent monstrez vous desi-
     reux:
Les Princes sans amys sont tousiours malheureux,
Aymez les gens de bien, ayant tousiours enuie
De ressembler à ceux qui sont de bonne vie,
Punissez les Malins & les Seditieux:
Ne soyez point chagrin d'espit ne furieux:

B 3

Mais

Mais honneste & gaillard, portant sur le visage
De vostre gentille ame vn gentil tesmoignage.
　　Or SIRE, pour autant que nul n'a le pouuoir
De chastier les Roys qui font mal leur deuoir,
Punissés-vous vous mesme, à fin que la Iustice
De Dieu qui est plus grand, vos fautes ne punisse.
　　Ie dy ce puissant Dieu dont l'Empire est sans
　　　　bout,
Qui de son Throsne assis en la terre void tout,
Et fait à vn chacun les Iustices esgales,
Autant aux Laboureurs qu'aux personnes Royales:
Lequel nous supplions vous tenir en sa Loy,
Et vous aymer autant qu'il fit Dauid son Roy,
Et rendre comme à luy vostre Sceptre tranquille,
,, Sans la faueur de Dieu la force est inutile.

FIN.